HIJA DE VECINOS

ÆREA | *carménère*

Ana Carolina Quiñonez Salpietro

Hija de vecinos

PE861 Quiñonez Salpietro, Ana Carolina
B   Hija de vecinos / Ana Carolina Quiñonez
       Salpietro -- Santiago-Barcelona : RIL
       editores-Ærea | Carménère, 2024.

       54 pág. ; 23 cm.

       ISBN: 978-84-10248-17-5

       1 POESÍA PERUANA. 2 LITERATURA PERUANA.

ÆREA | *carménère*

Serie dirigida por
Eleonora Finkelstein y Daniel Calabrese

HIJA DE VECINOS
Primera edición: junio de 2024

© Ana Carolina Quiñonez Salpietro, 2024

© Ærea, 2024

Un sello de RIL® editores
SEDE SANTIAGO DE CHILE: Los Leones 2258 • CP 7511055 Providencia
(56) 22 22 38 100 • ril@rileditores.com • www.rileditores.com

SEDE VALPARAÍSO: Cochrane 639, of. 92 • CP 2361801 Valparaíso
(56) 32 274 6203 • valparaiso@rileditores.com

SEDE ESPAÑA: europa@rileditores.com

Composición y diseño: RIL® editores
Diseño de colección: Marcelo Uribe Lamour
Imagen de portada: Foto de archivo de Andrea Gianellla Málaga

Impreso en España • *Printed in Spain*

ISBN: 978-84-10248-17-5
Depósito Legal: B 11924-2024

A good man is hard to find
Flannery O'Connor

Para recordar tuve que partir
y soñar con el regreso
Cristina Peri Rossi

A Ana Salpietro
por ese verano raro
cuando cambiamos de barrio
y por enseñarme a escribir.

les diré que su abuelo
debió vivir en un edificio alto
discretamente decorado
con fotografías en blanco y negro
libros sin hojas dobladas
subrayados con precisión
y plantas que casi no hay que cuidar
repartidas balanceadamente
frente a un mar
que la mitad del tiempo
por la neblina
no se puede ver.
Eso no lo entristecía demasiado
porque sus ojos marrones brillantes
salían solo los fines de semana de casa.

Les diré que vivimos juntos en Barcelona
como adolescentes
cuando nos tocaba ser adultos.
Que dormimos en hoteles caros
de países europeos de segunda categoría
y en sofás de amigos
en los de primera.
Que me tomó fotos abducida
en museos y librerías
o distraída por la luz natural
en el resto de lugares.
Yo en cambio
le tomé pocas fotos
porque prefería recordarlo

sin verlo
comiendo un pastel de manzana
en una terraza cerca al canal
o sentado al lado de una estatua
en un hotel de San Sebastián
clavándome
salvajemente
porque le gustaba lo que tengo adentro.

LA FELICIDAD ERA ESTAR INCOMPLETOS

Corríamos por el pasillo
de una casa prestada.
Nos perseguía un monstruo
con el abrigo de piel de la
abuela y la cara verde
de tóxicas témperas chinas
y cepillos viejos resucitados
como pinceles.
También pelábamos arvejas
yo separaba las más pequeñas
en mi bolsillo
no recuerdo ya para qué.
Mamá no había cumplido treinta años.
Nosotros éramos tres
que tirábamos de ella
le exigíamos aprender a leer
mientras alguno tenía fiebre
o comer con las manos
los ojos
hasta la pared de enfrente
cuando otro tenía dientes
que pendían de un hilo
y a otro lo recogían tarde.
Nadie quería
dormir entre ella
y ese
desconocido al
que hacíamos
siempre más alto
en los dibujos familiares.

EL RUIDO DE LOS ANIMALES EN CAUTIVERIO

El ruido de los animales en cautiverio
no es el de las frases largas
en los reencuentros
ni las primeras citas
con caminata
robándose helado mutuamente
porque nos gustan más sabores
de los que elegimos

tampoco es el silencio
ni algo parecido a la contemplación.

Es más parecido al desconcierto
de estar encerrado
con alguien que no pensabas
y disfrutarlo.

Es volverse a ensuciar
al salir de la ducha
quedarse dormido
con olor en las
manos
despertar con alegría insensata
y humedad
sentir su mano de hombre alto ahora
apretando tu cadera
y con algo de frío
por su respiración en tu espalda.

El ruido de los animales en cautiverio
no es el de las posiciones
intrépidas con la técnica
de las convivencias pasadas
y ciertas películas
sino el de los cuerpos que se olvidan
de lo aprendido de memoria
porque saben encontrarse
en la desorientación
de la madrugada
cuando nada más importa.

¿Qué hay del otro lado de la intemperie?

Tú me dirás grandes y ondulados
espacios verdes
casas
iglesias austeras
y puentes de piedra
recorridos a veces
por ríos en castellano
y otras en euskera.
Hombres que nunca aprendieron
a quejarse del frío
ni a acercarse a las mujeres.

Yo te diré que del otro lado de la intemperie
hay un desierto
y playas con mar bravo y frío
acantilados con formas de catedrales
una carretera ancha
Y al fondo
El espejismo de una ciudad desordenada
el ruido de quienes usan las palabras
para marear y enamorar
porque en mi ciudad costeña
ambos son lo mismo.

No he pisado nunca tu tierra
pero no necesito hacerlo
para saber que la intemperie
que te asusta
no es igual que la mía.

MAMÁ SE FUE

Mamá estaba de ocho meses
cuando se fue
su cabeza rojiza desapareció
de nuestro horizonte.
Ese fin de semana
mi padre paseó con nosotros
lo que quedaba de él
por centros comerciales
y restaurantes
dentro de los centros comerciales:
era incapaz de seguirnos
no nos miraba
a los ojos
¡demasiado tiempo!
dudo que recordase
los nombres de nuestros mejores amigos
ni los de nuestros enemigos
y las notas que sacamos
el bimestre anterior
tampoco podía nombrar
quién se había obsesionado
exponiendo sobre los etruscos
con libros prestados
Sabía que éramos sus hijos
pero le costaba separarnos
dejar de ver a mamá
reflejada en cada uno.
Papá vivía manejando por precipicios
para llegar a minas alejadas
podía contarte sobre el jaguar negro

que merodeaba
el campamento de Camisea
si todos se apartaban
él permanecía cerca
o hablarte
sobre el extraño paisaje de los relaves de Millotingo.
También podía hablarte de los caballos
manadas corriendo sueltas
en las lomas de Mollendo
y cuando lo hacía
podía jurar
que estaba hablando de nosotros.

MI CUARTO ADOLESCENTE

No sé si era
decepción o
desprecio
el de tus ojos
acostumbrados a buscar
originalidad y belleza en objetos
inanimados.

Yo solo amontonaba
libros en
muebles
ordinarios
y ropa
siempre expuesta.

¿Cómo se puede vivir en un camarote de
barco —decías—
sin desvivirse por un billete de
regreso sin la idea de tierra firme?
Hasta que un día me dijiste:
no puedes ser parte del
mundo si siempre estás
saliendo de él para observarlo.

¿CÓMO SERÍAN LOS POEMAS DE MI PADRE?

Tengo algunas
pistas de que
existieron
cartas de amor
con letras de salsa
copiadas y desordenadas
sin vergüenza alguna
para la chica que fue mi mamá.

Nosotros blancos de bloqueador
dejando de ver el atardecer más hermoso
porque te lanzaste al río
como si fueses
una parte más de la selva
era la piscina de tu patio
sin caimanes
ni corrientes
ni nosotros
solo un chico y sus brazadas
empezando a reconocer
el ritmo de su respiración.

Mamá tomaba fotos de las vacaciones
las contemplaba y escribía algo
que no siempre tenía que ver
en los álbumes familiares.
Empezó antes de que yo naciera
a los veintiuno
mamá tenía un miedo sin nombre
es que las cosas no siempre fueron fáciles

tenía miedo
de algo que se interpusiera.

Tú apareces siempre en los márgenes
y ese podría ser tu poema.

El volcán está en todas partes

El volcán está en todas partes
y no hay refugio
en las calles oscuras
que hierven este agosto
en las cenizas pegadas
al sudor del cuerpo propio y del ajeno
que salpica la cuenta del café
o las páginas del libro
que abres en la terraza
cuando lo más sensato es hacer siesta

porque el volcán está en todas partes
también en las rocas desde las que
nos arrojamos
buscando conectar
con el último calor de la tarde
aprendiendo a caminar
sobre lo inestable
a recostar el cuerpo
sin hacerse demasiado daño

y si bien el volcán está
en todas partes
lo que mejor recordaré
del final del verano
es tu espalda
torcida como la scogliera
mientras descendíamos con la moto
por lo enrevesado
entre olivos y pendientes de tierra

o a veces por el asfalto
mientras me decías
esta isla no se parece a ninguna
porque en las noches
el viento refresca

nunca te lo dije pero me recordabas
a la forma de montar caballo
la tensión en las piernas abiertas
el relincho de tu moto de pueblo
y yo atrás
como ese volcán que
está sin terminar de
encajar en ninguna
parte.

DESORDENO LOS PRIMEROS RECUERDOS

En el jardín desbordado de la abuela
para ser feliz
bajo el sol
hay que retener
el frío en la boca.

Una piscina inflable
donde el agua
nos llegaba a las rodillas
pero insistíamos más
en la posibilidad de ahogarnos
que en ser rescatados
no es que los mayores
no existiesen
pero puedo decirte
que nunca estaban cerca.

MI PARTE FAVORITA DE LA NOCHE

Recuerdo
los cuentos tristes
que esperan
las chicas
antes de salir a bailar
y esta noche
en que hemos dejado
de tener veinte
pero lo que nos rodea está ahí
para recordárnoslo.
Mis amigas bailan
mejor
ya era así en Lima
pero estas son otras amigas
una etapa de la vida algo más feliz
como una segunda adolescencia.
No existen las parejas
hemos hecho figuras
que parecen círculos
en la pista
a veces
algún desconocido
se cuela
nadie dice nada
pero todos conocen
la música de fondo
los diálogos han sido reemplazados
por las canciones que sonaban
cuando viajábamos en carro con la familia.
Yo era una adolescente

casi siempre
castigada
que no soñaba con entrar en discotecas
sino con perderse.
Nunca fui feliz en los lugares
donde se me obligó a serlo.
Mi parte favorita
es caminar atravesando la noche
acariciando sus márgenes.

HIJA DE VECINOS

Una falsa lengua. Una auténtica.
Una falsa lengua vertiendo.
WILLIAM CARLOS WILLIAMS

Me cuesta imaginarte adolescente
deambulando insegura de ti
con esa nariz y
esas pecas
pensando
en cómo tener mejores notas
te gustaba dibujar también
las pequeñas multitudes borrosas de Renoir
y esa chica detrás del bar de Manet
esa nítida chica sola
pero no se lo decías a nadie.

Nunca habías regresado
después del toque de queda
 fantaseabas con dejar
 de atormentarte
siempre en casa
sin tus hermanos y con tus padres
que no habían dejado de vivir por ti
como si tu presencia
pudiera salvarlos de algo
como si estar cerca
te hiciera algo más visible
ahí donde todos parecían
tener mayores problemas

En tu vecino sí puedo ver
al chico que aprendió a bailar salsa
en fiestas de otros barrios
a ganarse la admiración de las madres
porque estudiaba
la ingeniería más difícil
o el respeto de algún primo
o hermano siempre peleando
porque las fiestas que merecían la pena
terminaban con alguna ceja rota, decía.
Aquel que no temía
repartir golpes o recibirlos
viajaba en la tolva de la camioneta
sin quejarse del viento
ni de los caminos sin asfaltar.

Eran jóvenes
cuando se conocieron
sin irse a ninguna parte.

Buongiorno Splendore

Difícil tener treinta y tres años
en una ciudad europea
doble trabajo
por las mañanas ser
una ser otra desconocida por las
tardes
con el corazón repartido.
Los fines de semana dormir con él
no terminar de despertarse nunca
por las mañanas
y que esa sea tu parte favorita.
Estar lo suficientemente cerca
para decirle
tienes los ojos más lindos que vi
o no decirlo
y que de todos modos lo sepas.
Me gustaría saber
si tienes parte favorita
entre semana
cuando la adultez
nos vuelve adolescentes que no se ven
Podemos culpar a los padres
conservadores
las tareas de todos los cursos
imaginados y de los que no.
las propinas
o su ausencia en nuestras cortas vidas
Esto es para decirte
que no te dejes engañar por mi edad
si me ves lo suficientemente cerca
sabrás que tengo otra

TENGO QUE SER MI PROPIA CASA

Son las tres de la mañana
y no puedo dormir.
Tengo que ser mi propia casa.
A esta hora
conozco la fragilidad
de frente.
No me gusta cómo me siento.
Sola.
Con la mudanza encima
y mis cosas.
Pero ya me queda claro
que las horas del trabajo
son más importantes
que las mías
por eso
ni esta madrugada
ni la siguiente
escribiré ningún poema.

PIENSO EN ELLOS

extraviándose una
y otra vez
en donde fuimos seis.

Esta tarde de verano
treinta y siete años
después
son recién casados
que no se dan cuenta
porque es más conveniente
pensarse como abuelos
del nieto que está por nacer
Pensar en los que vendrán
y no en ellos
que llevan una vida juntos
sin nunca estar solos.

Esta noche de invierno
pienso en las cosas
que se dicen cuando no hay
que competir por la atención
de una mesa redonda
en si arrimarán
alguna silla vacía
para poder besarse
en cuál de ellos
se animará primero.

Pienso en ellos
tan jóvenes

y al mismo tiempo
tan desconfiados
para entender que
en esta ciudad
las casas se comparten
con desconocidos
que como ellos
cierran la puerta
que como ellos
también tienen miedo
de hacer ruido.

El oficio de temerle a las fiestas

De repente hubo quietud
y algo que no podría llamar silencio
la casa se llenó de gente
pero se vació de nosotros.
Había conversaciones en paralelo
yo escuchaba ruido
tú participabas de todas
salías de una para entrar en otra
yo me aferraba a un par de
voces sabías siempre cómo
volver
mientras preparabas cócteles
con nombres que parecían
a veces canciones de blues
Debbie don't
otros el apellido de un secundario
en una película de detectives
Martínez.
Vistos desde afuera
parecíamos una película europea
donde los personajes conversan
inconducentemente
y las acciones pasan a segundo plano.
Hasta que invité a una amiga
que acababa de llegar de mi país
sus opiniones no la dejaron entrar del todo
en la foto de la fiesta
permaneció en el margen
conmigo
conversando

desequilibradamente moviéndonos
cuando la música no lo exigía
para olvidar que
yo también era una invitada.

Quizás así también pueda ser el amor

No me lo vas a creer
despertar
conversar largo
meter una referencia
la que sea
y pillarla
ser tontos juntos
y que las mañanas sean
de la chica en el espejo
esa que sigo siendo yo.
que uno tenga el cuerpo de deportista
alto y de ojos oscuros
y que el otro sea más bajo y delgado
con los ojos más bonitos que vi jamás
quizás así también pueda ser el amor.

Fuimos inmigrantes

Juntos nos desvivimos por buscar
entre el calor y la inexperiencia un lugar
al que nunca pudimos llamar nuestro

entre nosotros
conservamos las palabras
no las expresiones
porque siempre fueron otras.

Tres años después
quisiste dejar de ser inmigrante
y convencerme
de que era posible seguir juntos
con las matemáticas de los calendarios
y los vuelos programados
un viaje que hiciste por separado.

Pero hoy estás aquí
hemos comido una hamburguesa
y has visto partituras de pianos
en una tienda escondida
a la que nunca hubiera ido sola.

También hemos buscado vestidos
para una boda
a la que irás con tu nueva novia
en dos semanas.

Sigo sin saber quién dejó a quién
aunque tú actúas como si lo supieras
y creo que cuando la vida deje de ser

todas estas vueltas
buscaré en el mismo barrio
un departamento
al que sí pueda llamar mío
sin sentirme una impostora.

No es otra casa de muñecas

Puedo recordar los sueños
de ese niño
que fue mi padre

hablarte del desierto
visto desde de un lomo animal
un relincho en medio
de la oscuridad más absoluta
la calma que antecede
un ataque sorpresa
en una pampa llamada Tarapacá
acostumbrar el cuerpo
a correr
con el peso de las bayonetas
y a una apacible vida en el campo
lejos de los ruidos humanos
cerca a los caballos alejarse de aquí y allá
recorrer los bosques de nubes
acariciar gorilas recién nacidos
volverse a perder.

No conozco los tuyos, mamá.
Era una vez
una niña pecosa
que soñaba con tener una familia
hijas con el pelo largo
para hacerles peinados distintos
a los que tuvo ella
siempre con el pelo corto.

Hay algo descorazonador
tus sueños infantiles
y mis miedos adultos se parecen.

A MI ÚNICA PERSONA EN LA CUARENTENA

quiero decirle
que abandoné el ático
pero no del todo la madriguera.

Aún tengo la boca
quemada por no esperar
que enfríen
los almuerzos de fin de semana
que hacías con un delantal
que te olvidabas de lavar
Más concentrado en imitar los acentos
de las canciones
que en recitar las letras
tomando sorbos grandes
de cerveza de trigo
apartando dos gatos
que se interponían
entre tus tijeras de pescado
y el desorden
de las cafeteras de distinto tamaño
siempre ocupando espacio.

No nos desvivíamos por ordenar
ni decorar
ni limpiar
preferíamos saborear
la comida y el vino
en la terraza destartalada
pelear
como si estuviésemos en un plano secuencia

arrastrar nuestras palabras envenenadas
por varias habitaciones
reconciliarnos en una de ellas
sin arreglar las cosas

Era fácil perderse
pensar que así era la pasión
juzgar la tibieza
y la mediocridad
de otras parejas
con la inseguridad
de todo acto arrogante.

Hiciste del encierro algo habitable
no me arrepiento de la insensatez
ni de los excesos cometidos en 50 metros cuadrados
no tengo amargura
en la punta de la lengua
sin enamorarme
te quise

no quería irme del todo
sin decirte esto.

Las estructuras elementales del parentesco

Mi padre es el punto ciego
de mi madre
Estoy segura de que
supo reconocerlo
demasiado pronto
y guardar el secreto
no debe haber sido fácil
la vanidad de un chico de veintidós
que entendió
que en este caso
no podía confiar
en su atractivo
ni en sus palabras
los laberintos
de su heroismo obsoleto
Si quería perturbar
el orden lógico de las cosas
no ser el primer novio
en una lista por escribir
tenía que encontrar
esa distancia
en que ella
dejaba de verlo
pero lo percibía cerca
y lo hizo.

Esos desencuentros

eran también una forma de separar
una guerra fría
sin anuncio
ni la posibilidad
de reclamo
las vías bloqueadas con
todas esas palabras que no nos dijimos
como tanques bajo una mañana nublada
pero que tampoco olvidamos
y que nos obsesionan.

¿En qué momento se nos acabó el interés?
No hablo de pesquisas
de reconstruir los hechos
Soy enemiga de las escenas policiales
Me refiero al surgimiento
de la indiferencia
a ese primer instante en que usaste
esa habilidad natural para esconderte de mí.

Todos nuestros pesos y alturas

Ayer fue mi cumpleaños.
Tengo la edad de mamá
cuando tuvo al cuarto 2,480 gr
48 cm
doce años separan
la primera cesárea de la última.
La primera la causé yo
no estoy especialmente orgullosa de ello
de lo que sí
es de recordar
el peso y la altura de la segunda
3,400 gr y 53 cm
la criatura más alargada que salió de ti
3,620 gr y 51 cm
las especificaciones del tercero
el más bello de recién nacido
lo dijiste alguna vez, mamá
con la esperanza
de que nadie te escuchara mirando la foto
que le hicieron en la clínica
todos tenemos una parecida.

Era tu letra, mamá
Te gusta contar las singularidades
de nuestros nacimientos
y primeros años de vida
pero eres cuidadosa
no quieres que conozcamos
tus preferencias
que te veamos completamente en ellas.

Tengo tu edad
me pregunto si aún
puedo recordar pesos y alturas
de recién nacidos
si tengo espacio
espero que sí.

ESTE ES EL SONIDO

del final del verano
y esta madrugada
creo que podré dormir.

Se acercan
los miedos más
cuando todos duermen
No hay distancia
entre los ruidos de la casa y tú
prefieres la sensación de la
sed a atravesar ese pasillo
intermitentemente iluminado
por la tormenta
que los pronósticos no vieron venir.

ESTE ES SOBRE LAS COSAS QUE SABES HACER
Y QUE NADIE CONOCE

Este no es
sobre malentendidos
es sobre el largo silencio
de nuestra casa
los domingos

sobre verte
atravesar el pasillo
cuando no estás escribiendo
libros
en otro idioma
sobre temas que desconozco
—y tienes el índice pegado en una pared

¿por qué no escuchamos las advertencias?
cada uno en sus cosas

mi foto sonriendo cerca a tu pantalla
con los ojos completamente cerrados y arena en la frente
podría tener doce años
la primera vez que fuimos al mar

¿en quiénes nos convertiremos al final de este verano?
este no es sobre verte lavar platos
casi sin salpicar el piso
y la forma en la que pones
la mesa con servilletas que no improvisas
—nunca vi a nadie
picar así las verduras pelar la fruta como tú

¿de dónde viene toda esa atención
toda esa delicadeza?
yo creo que empiezas a sospecharlo
este es sobre las cosas
que sabes hacer
y que nadie conoce
—solo yo
que ya no le temo al silencio.

A MI MADRE EN CUYA SOLEDAD HABITO

Voy a crear lo que me sucedió
CLARICE LISPECTOR

Puedo escribir sobre mi padre
pero no sé cómo acercarme a ti
ni merodearte
menos sostenerte la mirada
soportar ser vulnerable
cuando no hay nadie más cerca.
Nosotras sí tenemos una historia
de quedarnos solas
de ser lo único en el mundo de la otra.
Mis hermanos, no
ellos tuvieron que compartirte
Papá también, conmigo.

La niña a la que enseñaste a leer
antes de ir al colegio
la que heredó tu memoria
y tu manera atropellada de hablar
empezó a tener otros gustos
a interesarse por aquello
que siempre despreciaste
novios intrascendentes
perderse en la noche y en la conversación
leer poemas que considerarías feos
a buscar alejarse
lo más posible del barrio
del colegio en el que tú también estudiaste

y de las fotos posadas de vacaciones
una familia feliz con una madre hermosa
y un padre ausente.
¿Cómo mantienen vivas las fronteras
cuando todo lo que las rodea son ruinas?

Dices que me parezco a mi padre
pero ese es el camino fácil
porque te da pudor
la forma ovalada de tu cara
manchada de pecas
las piernas largas
la boca carnosa
otra palabra que no aprobarías.

Este poemario parece
ser sobre la
imposibilidad en la
pareja
pero es también sobre la nuestra.

Índice

Este libro se terminó de imprimir
en junio de 2024

RIL® editores • España

europa@rileditores.com

Se utilizó tecnología de última generación que reduce
el impacto medioambiental, pues ocupa estrictamente el
papel necesario para su producción, y se aplicaron altos
estándares para la gestión y reciclaje de desechos en
toda la cadena de producción.